AF596687

Jeffrey B. Lambert

Bouddhisme pour les debutants : 101 questions pour comprendre les enseignements du bouddha

Publication : Independently published

ISBN: 9798372976412

Jeffrey B. Lambert

Bouddhisme pour les débutants : 101 questions pour comprendre les enseignements du bouddha

Independently published

Bouddhisme pour les débutants :

101 questions pour comprendre les enseignements du bouddha

Jeffrey B. Lambert

Table des matières

Thématique 3 : Le bouddhisme et ses pratiques 53

Avant-propos

Le bouddhisme est une religion et une philosophie millénaire qui a touché des millions de personnes dans le monde entier. Avec ses enseignements sur la compassion, la méditation et la sagesse, le bouddhisme offre une voie vers la paix intérieure et la transformation personnelle.

Pourtant, pour de nombreuses personnes, le bouddhisme peut sembler complexe et mystérieux, rempli de termes et de concepts difficiles à comprendre. C'est pourquoi j'ai écrit ce livre, "101 Questions Essentielles sur le Bouddhisme pour les Débutants".

Contrairement à un livre traditionnel, vous n'avez pas à lire ce livre de manière linéaire. Vous pouvez plutôt le parcourir "à la carte", en choisissant les sujets qui vous intéressent le plus. Chaque question est présentée de manière indépendante, de sorte que vous pouvez sauter les sujets qui vous semblent moins pertinents et vous concentrer sur ceux qui vous attirent le plus.

J'ai veillé à garder mes réponses simples et de base, afin de ne pas vous perdre dans des détails complexes. Mon objectif est de vous donner une introduction claire et accessible au bouddhisme, pour que vous puissiez décider par vous-même si cette tradition vous parle et si vous souhaitez en apprendre davantage.

Dans ce livre, j'ai rassemblé 101 des questions les plus couramment posées par les débutants sur le bouddhisme, et j'ai fourni des réponses claires et concises pour les aider à mieux comprendre cette tradition spirituelle. Du concept du nirvana aux pratiques de méditation, en passant par les enseignements du Bouddha et le bouddhisme dans le monde moderne, ce livre couvre un large éventail de sujets pour aider les débutants à se familiariser avec le bouddhisme.

Que vous soyez simplement curieux de découvrir le bouddhisme ou que vous cherchiez une voie spirituelle profonde, j'espère que ce livre vous aidera à mieux comprendre cette tradition riche et complexe. N'hésitez pas à sauter les sujets qui vous semblent moins pertinents et à vous concentrer sur ceux qui vous intéressent le plus. Et surtout, n'hésitez pas à poser des questions et à en apprendre davantage sur le bouddhisme si cela vous intéresse.

Toutefois, si vous cherchez une présentation plus structurée du bouddhisme, ou si vous souhaitez en savoir plus sur cette tradition, je vous suggère de jeter un coup d'œil à mon autre livre, "Bouddhisme pour les débutants : une introduction accessible aux enseignements du Bouddha", disponible sur Amazon. Ce livre vous offre une présentation plus approfondie du bouddhisme, avec des explications détaillées sur les enseignements du Bouddha et sur les pratiques spirituelles courantes. Si vous cherchez une introduction structurée au bouddhisme, ou si vous souhaitez en savoir plus sur cette tradition, je vous recommande vivement de jeter un coup d'œil à ce livre.

Quelques mots sur moi

Je suis heureux de partager avec vous mon parcours personnel avec cette tradition millénaire qui a profondément transformé ma vie.

Il y a une dizaine d'années, alors que j'étais un jeune homme perdu et déboussolé, je suis tombé par hasard sur un livre sur le bouddhisme et j'ai été immédiatement fasciné par cette tradition. J'ai commencé à lire tout ce que je pouvais trouver sur le sujet et à pratiquer la méditation, et j'ai rapidement senti que le bouddhisme m'apportait une paix intérieure et une sérénité que je n'avais jamais connues auparavant.

Mais je me suis aussi rendu compte que trouver des informations précises et accessibles sur certains sujets liés au bouddhisme n'était pas toujours facile. C'est pourquoi j'ai décidé de mettre mon expérience personnelle et mes connaissances acquises au fil des années au service de ce livre, afin de répondre aux questions que beaucoup de débutants se posent sur le bouddhisme.

"Le Bouddhisme pour les débutants : 101 questions pour comprendre les enseignements du bouddha" vient donc compléter l'ouvrage "Bouddhisme pour les débutants : une introduction accessible aux enseignements du bouddha", en proposant une approche encore plus détaillée et complète sur les enseignements fondamentaux de cette tradition. Vous y trouverez 101 réponses claires et précises à des questions clés sur la philosophie, la pratique et l'application de la sagesse bouddhiste au quotidien.

Grâce à cet ouvrage, vous aurez toutes les clés en main pour mettre en pratique les enseignements du bouddha dans votre vie quotidienne et découvrir comment le bouddhisme peut vous aider à trouver la paix intérieure et l'éveil spirituel. Que vous soyez débutant ou déjà initié à cette tradition, j'espère que "Le Bouddhisme pour les débutants" vous offrira une source d'inspiration et de sagesse pour votre propre chemin spirituel.

En espérant que ce livre vous aidera à mieux comprendre le bouddhisme et à décider si cette tradition spirituelle est faite pour vous, je vous souhaite une agréable découverte de cet univers fascinant. Que vous soyez simplement curieux de découvrir le bouddhisme ou que vous cherchiez une voie spirituelle profonde, j'espère que ces 101 questions vous aideront à découvrir de nouvelles perspectives et à approfondir votre compréhension de cette tradition millénaire. Bonne lecture !

Thématique 1 : Qu'est-ce que le bouddhisme et ses courants ?

1. Qu'est-ce que le bouddhisme ?

Le bouddhisme est une religion et une philosophie fondée en Inde au 5ème siècle avant notre ère par Siddhartha Gautama, dit Bouddha. Le bouddhisme enseigne que l'origine de la souffrance est l'ignorance de la vraie nature de la réalité, et que l'éveil spirituel, appelé nirvana, est possible en suivant le Noble Octuple Sentier, une voie qui mène à l'élimination de cette ignorance et de la souffrance.

2. Quels sont les différents courants du bouddhisme ?

Il existe plusieurs courants ou écoles du bouddhisme, qui ont chacun leurs propres enseignements, pratiques et traditions. Les courants les plus connus sont le bouddhisme mahayana, le bouddhisme theravada et le bouddhisme vajrayana.

3. Qu'est-ce que le bouddhisme mahayana ?

Le bouddhisme mahayana est le courant dominant en Chine, au Japon, en Corée, au Vietnam et en Mongolie. Il enseigne que tous les êtres sensibles possèdent le potentiel pour atteindre l'éveil spirituel et devenir des bodhisattvas, des êtres qui se sont mis en compassion pour aider tous les êtres à atteindre le nirvana. Le bouddhisme mahayana met l'accent sur la compassion et la générosité envers les autres, ainsi que sur la méditation et l'étude des sutras (enseignements de Bouddha).

4. Qu'est-ce que le

bouddhisme theravada ?

Le bouddhisme theravada est le courant dominant en Thaïlande, au Laos, au Cambodge, en Birmanie et au Sri Lanka. Il se base sur les enseignements de Bouddha tels qu'ils ont été transmis oralement par les moines et consignés dans les Pali Canon. Le bouddhisme theravada enseigne que chaque individu doit atteindre l'éveil spirituel par ses propres moyens et que l'état de nirvana est accessible uniquement aux moines et aux pratiquants avancés.

5. Qu'est-ce que le bouddhisme vajrayana ?

Le bouddhisme vajrayana est également connu sous le nom de bouddhisme tantrique et est pratiqué principalement au Népal, au Bhoutan, en Inde, au Tibet et en Mongolie. Il se base sur les enseignements du bouddhisme mahayana, mais utilise des techniques de méditation plus avancées et des rituels complexes pour atteindre l'éveil spirituel de manière plus rapide. Le bouddhisme vajrayana met l'accent sur l'utilisation de symboles, de mantras et de mudras (gestes symboliques) pour purifier l'esprit et développer des qualités spirituelles telles que la compassion, la sagesse et l'énergie.

6. Qu'est-ce que le zen ?

Le zen est une école de méditation du bouddhisme mahayana qui est surtout pratiquée au Japon, en Corée et aux États-Unis. Le zen enseigne la pratique de la pleine conscience et de la présence mentale dans l'instant présent, sans se laisser distraire par les pensées ou les émotions. Le zen met l'accent sur la transmission directe de l'enseignement de Bouddha de maître à disciple, sans avoir recours à des écritures ou à des dogmes.

7. Qu'est-ce que la méditation en bouddhisme ?

La méditation en bouddhisme est une pratique qui consiste à concentrer l'esprit sur un objet de méditation, comme la respiration, un mantra ou un mandala, afin de calmer l'esprit et de développer la sagesse et la compassion. Il existe de nombreuses techniques de méditation en bouddhisme, qui peuvent être pratiquées assis, debout, en marchant ou en mouvement.

8. Quels sont les bienfaits de la méditation selon le bouddhisme ?

La méditation est une pratique qui consiste à se concentrer sur un objet de concentration, comme la respiration, et à ramener son attention chaque fois qu'elle est distraite. Selon le bouddhisme, la méditation peut aider à réduire le stress et l'anxiété, à améliorer la concentration et la clarté mentale, à développer la compassion et la bienveillance, à se libérer de l'attachement aux émotions négatives, à développer une attitude de sérénité et de paix intérieure, à améliorer la santé physique et mentale, et à développer la sagesse et la compréhension de soi.

9. Qu'est-ce que les sutras ?

Les sutras sont des textes sacrés du bouddhisme qui consignent les enseignements de Bouddha. Le mot "sutra" signifie "fil" en sanskrit, et ils sont souvent comparés à des fils qui unissent les enseignements de Bouddha à notre vie quotidienne.

Les sutras couvrent une grande variété de sujets, tels que l'éthique, la méditation, la psychologie, la sagesse et la philosophie. Ils sont souvent organisés en enseignements sur différents aspects du chemin noble, qui est le chemin vers l'éveil spirituel.

Les sutras sont considérés comme étant les enseignements de Bouddha lui-même, et ils sont vénérés par les bouddhistes comme étant des sources de sagesse et de guidance spirituelle. Ils sont lus et étudiés par les bouddhistes dans le monde entier, et sont souvent utilisés comme base pour la méditation et la réflexion.

10. Qu'est-ce que les tantras ?

Les tantras sont des textes sacrés du bouddhisme vajrayana qui décrivent des enseignements et des pratiques avancées pour atteindre l'éveil spirituel de manière rapide. Les tantras incluent des techniques de méditation, des rituels et des pratiques tantriques qui utilisent des symboles, des mantras et des mudras (gestes symboliques) pour purifier l'esprit et développer des qualités spirituelles telles que la compassion, la sagesse et l'énergie. Selon le bouddhisme vajrayana, les tantras sont une voie rapide pour atteindre l'éveil spirituel et sont particulièrement adaptés aux personnes qui ont une forte capacité à comprendre les enseignements de manière intuitive.

11. Qu'est-ce que le bouddhisme tibétain ?

Le bouddhisme tibétain est une forme du bouddhisme vajrayana qui est pratiquée principalement au Tibet, au Bhoutan, en Mongolie et en Inde. Le bouddhisme tibétain met l'accent sur la méditation, les rituels et les pratiques tantriques pour atteindre l'éveil spirituel de manière rapide. Il comprend également la pratique du chanvouement (prière rituelle à haute voix), l'étude des enseignements de Bouddha et la contemplation des mandalas (diagrammes symboliques).

12. Qu'est-ce que le dalai-lama ?

Le dalai-lama est le titre donné au chef spirituel et temporel des Tibétains. Le dalai-lama est considéré comme la réincarnation du bodhisattva de la compassion, Avalokiteshvara, et est respecté comme un enseignant spirituel par les Tibétains et par de nombreux bouddhistes dans le monde entier. Le dalai-lama actuel, Sa Sainteté le 14ème dalai-lama, Tenzin Gyatso, est né en 1935 au Tibet et a fui en Inde en 1959 lors de l'invasion chinoise de son pays. Depuis lors, il a passé sa vie à promouvoir la paix, la non-violence et les droits de l'homme à travers le monde.

13. Qu'est-ce que les thangkas ?

Les thangkas sont des peintures sur toile ou sur soie, principalement utilisées en tant que médium pour l'enseignement et la pratique spirituelle dans le bouddhisme tibétain. Elles représentent souvent des scènes ou des personnages mythiques ou historiques, ou des enseignements bouddhistes, et sont utilisées comme support de méditation ou comme objet de culte. Les thangkas sont utilisées comme support de méditation et de contemplation dans le bouddhisme vajrayana et sont souvent exposées dans les temples et les monastères bouddhistes. Les thangkas sont considérées comme étant des objets sacrés dans le bouddhisme tibétain, et elles sont vénérées comme étant des sources de sagesse et de guidance spirituelle.

14. Qu'est-ce que le mandala

?

Un mandala est un diagramme ou un symbole utilisé en tant que support pour la méditation et la réflexion dans le bouddhisme et d'autres traditions spirituelles. Il représente souvent l'univers ou un concept spirituel, et est généralement constitué de cercles concentriques et de symboles complexes.

Les mandalas peuvent être créés de différentes manières, comme par exemple en dessinant ou en peignant sur un support, en construisant un modèle en trois dimensions, ou en dansant ou en chantant. Ils sont généralement utilisés comme support de méditation, et sont censés aider à calmer l'esprit et à atteindre un état de conscience profond.

Les mandalas sont également utilisés comme outil d'enseignement dans le bouddhisme, pour illustrer des concepts complexes de manière visuelle. Ils sont souvent utilisés lors de cérémonies religieuses, et sont considérés comme étant des objets sacrés dans de nombreuses traditions spirituelles.

15. Qu'est-ce que le bouddhisme zen japonais ?

Le bouddhisme zen japonais est une école de méditation du bouddhisme mahayana qui a été influencée par les enseignements du bouddhisme chinois et par la culture japonaise. Le bouddhisme zen japonais met l'accent sur la pratique de la pleine conscience et de la présence mentale dans l'instant présent, ainsi que sur l'importance de l'enseignement direct de maître à disciple.

16. Qu'est-ce que le satori ?

Le satori est un terme japonais qui désigne l'éveil spirituel ou la réalisation de la vérité absolue dans le bouddhisme zen. Le satori est considéré comme un état de paix et de compréhension profonde de la réalité de l'univers et de soi. Selon le bouddhisme zen, le satori peut être atteint par la pratique de la méditation et de la pleine conscience de l'instant présent.

17. Qu'est-ce que le bouddhisme et la mort ?

Selon le bouddhisme, la mort est un passage naturel dans le cycle de la vie et fait partie de la réalité de l'existence humaine. Le bouddhisme enseigne que la mort peut être acceptée de manière paisible et sereine en étant préparé et en ayant cultivé une pratique spirituelle. Le bouddhisme encourage également à offrir du soutien et de la compassion aux personnes en fin de vie et à leurs proches.

18. Qu'est-ce que le bouddhisme et la souffrance ?

Selon le bouddhisme, la souffrance est un fait inévitable de la vie, mais c'est la manière dont nous réagissons à la souffrance qui peut causer de la souffrance supplémentaire. Le bouddhisme enseigne que la souffrance est causée par l'ignorance de la vérité de la réalité et par l'attachement à l'existence de soi et de choses permanentes. Le but de la pratique bouddhiste est de comprendre la nature de la souffrance et de mettre fin au cycle de la souffrance en atteignant l'éveil spirituel.

19. Qu'est-ce que le bouddhisme et l'éveil ?

L’éveil spirituel, également appelé nirvana, est l’objectif ultime de la pratique bouddhiste. Selon le bouddhisme, l’éveil spirituel est un état de paix et de libération de la souffrance qui est atteint lorsque l’on comprend la vérité de la réalité de l’univers et de l’existence humaine. L’éveil spirituel est considéré comme un état de conscience supérieure qui est libéré de l’ignorance, de l’attachement et de la haine, et qui est caractérisé par la paix, la sérénité et la compassion. Le bouddhisme enseigne que l’éveil spirituel peut être atteint par la pratique de la méditation, l’étude des enseignements de Bouddha et la culture de qualités telles que la compassion, la sagesse et l’éthique.

20. Qu’est-ce que le bouddhisme et la compassion ?

La compassion est l’un des principaux enseignements du bouddhisme et consiste à ressentir de la sympathie et de la bienveillance envers tous les êtres sensibles. Selon le bouddhisme, la compassion est une qualité essentielle à cultiver pour atteindre l’éveil spirituel et mettre fin à la souffrance. La compassion est considérée comme une force qui peut être développée par la méditation, la pratique de la bienveillance et l'étude des enseignements de Bouddha.

Thématique 2 : Qu'est-ce que le bouddhisme et ses enseignements ?

21. Qui était Bouddha ?

Bouddha était le fondateur du bouddhisme, une religion et une philosophie qui a vu le jour en Inde au VIe siècle avant notre ère. Il est également connu sous le nom de Siddhartha Gautama.

Selon la tradition bouddhiste, Bouddha était un prince indien qui a renoncé à sa vie de luxe et de privilèges pour suivre un chemin spirituel. Après avoir mené une vie ascétique et avoir exploré différentes voies spirituelles, il a finalement atteint l'éveil spirituel sous l'arbre de la bodhi (l'arbre de l'éveil). Depuis lors, il est connu comme étant le Bouddha, c'est-à-dire celui qui a atteint l'éveil.

Après avoir atteint l'éveil, Bouddha a enseigné pendant de nombreuses années, transmettant son enseignement à un grand nombre de personnes. Ses enseignements sont consignés dans les textes bouddhistes, qui sont connus sous le nom de sutras. Bouddha est considéré comme étant un guide spirituel pour de nombreuses personnes dans le monde entier.

22. Quels sont les principes fondamentaux du bouddhisme ?

Les principes fondamentaux du bouddhisme sont le Noble Octuple Sentier, qui comprend les quatre nobles vérités (l'existence de la souffrance, sa cause, sa cessation et le chemin menant à sa cessation) et les cinq pratiques morales qui permettent de suivre cette voie (la pratique de la compassion, de la conduite juste, de l'effort correct, de l'attention correcte et de la concentration).

23. Quels sont les cinq préceptes du bouddhisme ?

Les cinq préceptes du bouddhisme sont des règles éthiques qui visent à prévenir la souffrance et à promouvoir le bien-être de soi et des autres. Ils sont : s'abstenir de tuer, de voler, de mensonges, de conduite sexuelle inappropriée et de boire de l'alcool.

24. Qu'est-ce que le nirvana ?

Le nirvana est l'état ultime de libération spirituelle dans le bouddhisme. Il s'agit d'un état de paix profonde et de sérénité, dans lequel l'esprit est libéré de toutes les souffrances et de toutes les illusions. Dans le nirvana, l'individu atteint l'éveil spirituel et la liberté de la roue de la naissance et de la mort.

Selon le bouddhisme, le nirvana est atteint lorsque l'on a atteint la fin de la souffrance en éliminant l'attachement, la haine et l'ignorance. Cela peut être accompli en suivant le chemin noble, qui comprend huit aspects :

la compréhension correcte, l'intention correcte, la parole correcte, l'action correcte, le mode de vie correct, l'effort correct, l'attention correcte et la concentration correcte.

Le nirvana est souvent décrit comme étant indescriptible et indéfinissable, car il est au-delà de toutes les illusions et de toutes les limitations de la pensée et de la langue. Il est considéré comme étant l'état ultime de liberté et de bonheur.

25. Qu'est-ce que le samsara ?

Le samsara est le cycle de la naissance et de la mort dans le bouddhisme. C'est le processus continu de renaissances successives dans différents états de vie, qui peuvent être des états humains, animaux, ou dans l'un des six mondes de souffrance, qui sont les mondes des dieux, des démons, des humains, des animaux, des esprits affamés et des habitants de l'enfer.

Selon le bouddhisme, le samsara est causé par l'ignorance, l'attachement et la haine, et il est caractérisé par la souffrance et l'insatisfaction. Le samsara est perçu comme étant sans fin, et les êtres y sont pris au piège, passant d'une vie à l'autre sans fin, en subissant toujours les mêmes souffrances et les mêmes illusions. Le but du bouddhisme est de se libérer du samsara et de parvenir au nirvana, qui est l'état ultime de libération spirituelle et de paix.

26. Qu'est-ce que le karma ?

Le karma est le principe selon lequel chaque action de chaque être sensible a des conséquences, qui peuvent être positives ou négatives, dans cette vie ou dans les vies futures. Selon le bouddhisme, le karma est le résultat des actions de l'esprit et des paroles, qui sont causées par l'ignorance de la vérité de la réalité et par l'attachement à l'existence de soi et de choses permanentes. Le but de la pratique bouddhiste est de purifier le karma et de mettre fin au cycle du samsara en atteignant le nirvana.

27. Qu'est-ce que le bouddhisme et l'éthique ?

L'éthique est un aspect important de la pratique bouddhiste et se base sur les cinq préceptes fondamentaux : ne pas tuer, ne pas voler, ne pas mentir, ne pas commettre d'actes sexuels immoraux et ne pas consommer de produits intoxicants. Selon le bouddhisme, respecter ces préceptes permet de cultiver une conduite morale et de prévenir la souffrance causée par les actions négatives.

28. Qu'est-ce que le bouddhisme et la non-violence ?

La non-violence est un autre enseignement important du bouddhisme et fait partie de la pratique de l'éthique. Selon le bouddhisme, la non-violence consiste à respecter la vie et à éviter de causer de la souffrance à autrui, y compris aux animaux. Le bouddhisme enseigne également que la non-violence est une force qui peut être cultivée par la méditation et la pratique de la compassion.

29. Qu'est-ce que le bouddhisme et la sagesse ?

La sagesse est une qualité importante dans le bouddhisme et est considérée comme la clé pour atteindre l'éveil spirituel. Selon le bouddhisme, la sagesse consiste à comprendre la vérité de la réalité de l'univers et de l'existence humaine, et à agir en conséquence. La sagesse est considérée comme une qualité qui peut être développée par la méditation, l'étude des enseignements de Bouddha et la pratique de la compassion.

30. Qu'est-ce que le bouddhisme et la paix ?

Selon le bouddhisme, la paix est un état de bien-être intérieur qui est atteint lorsque l'on comprend la vérité de la réalité de l'univers et de l'existence humaine. Le bouddhisme enseigne que la paix est accessible à tous et peut être atteinte par la pratique de la méditation, l'étude des enseignements de Bouddha et la culture de qualités telles que la compassion, la sagesse et l'éthique.

31. Qu'est-ce que le bouddhisme et le bonheur ?

Selon le bouddhisme, le bonheur est un état de paix et de satisfaction intérieure qui peut être atteint en comprenant la vérité de la réalité de l'univers et de l'existence humaine. Cet état peut être obtenu par la pratique de la méditation, l'étude des enseignements de Bouddha et le développement de qualités telles que la compassion, la sagesse et l'éthique. Le bouddhisme encourage également à être reconnaissant et à apprécier les choses simples de la vie, et à être heureux avec ce que l'on a plutôt que de chercher constamment de nouvelles choses pour être heureux.

32. Qu'est-ce que le bouddhisme et la relation à soi ?

Selon le bouddhisme, la relation à soi est importante car c'est en comprenant notre propre nature et en développant une pratique spirituelle que nous pouvons atteindre l'éveil spirituel et mettre fin à la souffrance. Le bouddhisme enseigne que la relation à soi peut être améliorée en pratiquant la pleine conscience de l'instant présent, en explorant notre esprit et en comprenant la nature de notre ego, et en cultivant des qualités telles que la compassion, la sagesse et l'éthique. Le bouddhisme encourage également à être bienveillant envers soi-même et à être compréhensif envers nos propres faiblesses et nos propres limites.

33. Qu'est-ce que le bouddhisme et la relation aux autres ?

Selon le bouddhisme, la relation aux autres est importante car elle est le moyen de développer la compassion et la bienveillance envers les êtres sensibles. Le bouddhisme enseigne que la relation aux autres peut être améliorée en cultivant la compassion et l'éthique, en traitant les autres de manière juste et équitable, et en offrant du soutien et de l'aide aux personnes dans le besoin.

34. Qu'est-ce que le bouddhisme et la relation au monde ?

Selon le bouddhisme, la relation au monde est importante car elle nous permet de comprendre la nature impermanente de toutes les choses et de développer une vision plus large de l'univers. Le bouddhisme enseigne que la relation au monde peut être améliorée en observant attentivement la nature et en appréciant sa beauté, en pratiquant la compassion envers tous les êtres sensibles, et en agissant de manière responsable et éthique.

35. Qu'est-ce que le bouddhisme et la relation à l'univers ?

Selon le bouddhisme, la relation à l'univers est importante car elle nous permet de comprendre la vérité de la réalité de l'univers et de notre place dans celui-ci. Le bouddhisme enseigne que la relation à l'univers peut être améliorée en méditant sur la nature de l'univers et en développant une vision plus large de l'existence, en cultivant la compassion et la sagesse, et en agissant de manière responsable et éthique.

36. Qu'est-ce que le bouddhisme et la spiritualité ?

Selon le bouddhisme, la spiritualité est un aspect important de la vie et se réfère à la quête de sens et de compréhension de l'univers et de notre place dans celui-ci. La pratique bouddhiste est considérée comme une forme de spiritualité qui vise à atteindre l'éveil spirituel et à mettre fin à la souffrance.

37. Qu'est-ce que le bouddhisme et la religion ?

Selon certains points de vue, le bouddhisme est considéré comme une religion car il a un fondateur (Bouddha), des enseignements spirituels et une pratique spirituelle qui visent à atteindre l'éveil spirituel. Cependant, le bouddhisme est souvent considéré comme une tradition spirituelle plutôt qu'une religion au sens strict du terme, car il n'a pas de dieu créateur ni de croyance en un dieu personnel.

38. Qu'est-ce que le bouddhisme et la foi ?

Selon le bouddhisme, la foi est importante car elle nous permet de croire en nos propres capacités et de nous appuyer sur elles pour atteindre nos objectifs.

Cependant, le bouddhisme enseigne également que la foi doit être basée sur l'expérience personnelle et la raison plutôt que sur la croyance aveugle ou l'acceptation de croyances sans preuve.

39. Qu'est-ce que le bouddhisme et le dialogue interreligieux ?

Selon le bouddhisme, le dialogue interreligieux est important car il peut aider à promouvoir la compréhension et la coopération entre les différentes traditions spirituelles et religieuses. Le bouddhisme encourage le respect et la tolérance envers les croyances et les pratiques des autres et enseigne que toutes les traditions spirituelles ont la possibilité de mener à la paix et à la sagesse.

40. Qu'est-ce que le bouddhisme et la tolérance ?

Selon le bouddhisme, la tolérance est une qualité importante à cultiver car elle nous permet d'accepter les différences des autres et de vivre en harmonie avec eux. Le bouddhisme enseigne que la tolérance est une force pacifique qui peut aider à résoudre les conflits et à promouvoir la paix dans le monde. La tolérance est considérée comme une expression de la compassion et de la bienveillance envers les autres, et est l'un des principes fondamentaux de l'éthique bouddhiste.

41. Qu'est-ce que le bouddhisme et le dialogue avec d'autres philosophies ?

Selon le bouddhisme, le dialogue avec d'autres philosophies est important car il peut aider à promouvoir la compréhension et l'ouverture d'esprit. Le bouddhisme a été influencé par de nombreuses autres philosophies et a également influencé de nombreuses autres philosophies. Le bouddhisme encourage le respect et la tolérance envers les croyances et les pratiques des autres et enseigne que toutes les traditions spirituelles ont la possibilité de mener à la paix et à la sagesse.

42. Qu'est-ce que le

bouddhisme et le dialogue avec la science ?

Selon le bouddhisme, le dialogue avec la science est important car il peut aider à promouvoir une compréhension mutuelle et à trouver des points de convergence entre les deux domaines. Le bouddhisme a été influencé par la science et a également influencé la science à différents moments de l'histoire. Le bouddhisme encourage l'exploration rationnelle et l'observation attentive de la réalité et enseigne que l'expérience personnelle est importante pour comprendre la vérité de l'univers.

43. Qu'est-ce que le bouddhisme et l'écologie ?

Selon le bouddhisme, l'écologie est importante car tous les êtres sensibles sont interconnectés et dépendent les uns des autres pour leur survie. Le bouddhisme enseigne que nous devons respecter et protéger la nature et tous les êtres qui y vivent. Le bouddhisme encourage également à être conscients de notre impact sur l'environnement et à agir de manière responsable pour préserver la planète pour les générations futures.

44. Qu'est-ce que le bouddhisme et le féminisme ?

Selon certains points de vue, le bouddhisme peut être considéré comme un mouvement féministe car il enseigne l'égalité de tous les êtres sensibles et met l'accent sur l'autonomisation personnelle et la réalisation de son potentiel. Cependant, il y a eu des débats au sein de la communauté bouddhiste sur la place des femmes et sur l'interprétation de certains enseignements bouddhistes en relation avec le genre.

45. Qu'est-ce que le bouddhisme et le racisme ?

Selon le bouddhisme, le racisme est contraire aux enseignements de Bouddha qui enseignent l'égalité de tous les êtres sensibles et la non-discrimination. Le bouddhisme enseigne que nous devons respecter et accepter les différences des autres et que nous devons traiter tous les êtres de manière juste et équitable. Le bouddhisme encourage également à développer la compassion et la compréhension envers les autres et à lutter contre les préjugés et les discriminations.

46. Qu'est-ce que le bouddhisme et la sexualité ?

Selon le bouddhisme, la sexualité est considérée comme une partie naturelle de l'existence humaine et n'est pas nécessairement considérée comme quelque chose de moralement bon ou de moralement mauvais en soi. Cependant, le bouddhisme enseigne que la sexualité doit être pratiquée de manière responsable et respectueuse et que l'on doit éviter de nuire à soi-même ou à autrui de manière sexuelle.

Selon la tradition bouddhiste, Bouddha était un prince indien qui a renoncé à sa vie de luxe et de privilèges pour suivre un chemin spirituel. Après avoir mené une vie ascétique et avoir exploré différentes voies spirituelles, il a finalement atteint l'éveil spirituel sous l'arbre de la bodhi (l'arbre de l'éveil). Depuis lors, il est connu comme étant le Bouddha, c'est-à-dire celui qui a atteint l'éveil.

Après avoir atteint l'éveil, Bouddha a enseigné pendant de nombreuses années, transmettant son enseignement à un grand nombre de personnes. Ses enseignements sont consignés dans les textes bouddhistes, qui sont connus sous le nom de sutras. Bouddha est considéré comme étant un guide spirituel pour de nombreuses personnes dans le monde entier.

Thématique 3 : Qu'est-ce que le bouddhisme et ses pratiques ?

47. Qu'est-ce que le bouddhisme et la relation amoureuse ?

Selon le bouddhisme, la relation amoureuse doit être basée sur le respect, la compréhension et la compassion mutuels. Le bouddhisme enseigne que l'amour inconditionnel est important dans les relations amoureuses et que l'on doit être prêt à accepter les défauts de l'autre et à travailler ensemble pour surmonter les difficultés.

48. Qu'est-ce que le bouddhisme et la relation de couple ?

Selon le bouddhisme, la relation de couple doit être basée sur le respect, la compréhension et la compassion mutuels. Le bouddhisme enseigne que l'amour inconditionnel est important dans les relations de couple et que l'on doit être prêt à accepter les défauts de l'autre et à travailler ensemble pour surmonter les difficultés. Le bouddhisme encourage également à développer des qualités telles que la patience, la tolérance et la communication pour renforcer la relation de couple.

49. Qu'est-ce que le

bouddhisme et la relation parent-enfant ?

Selon le bouddhisme, la relation parent-enfant doit être basée sur l'amour inconditionnel, le respect et la compréhension mutuels. Le bouddhisme enseigne que les parents ont la responsabilité de guider et de protéger leurs enfants et de les aider à devenir des êtres autonomes et responsables. Le bouddhisme encourage également les parents à être patients, à être à l'écoute de leurs enfants et à les traiter avec bienveillance.

50. Qu'est-ce que le bouddhisme et la relation au travail ?

Selon le bouddhisme, la relation au travail doit être basée sur l'éthique et le respect de soi et des autres. Le bouddhisme enseigne que le travail peut être un moyen de se développer personnellement et de contribuer à la société, mais que l'on doit éviter de s'identifier trop étroitement à son travail et de perdre de vue l'équilibre entre le travail et la vie personnelle. Le bouddhisme encourage également à être conscient de l'impact de son travail sur les autres et sur l'environnement et à agir de manière responsable.

51. Qu'est-ce que le bouddhisme et la relation à la maladie ?

Selon le bouddhisme, la relation à la maladie doit être basée sur la compassion, l'acceptation et la sagesse. Le bouddhisme enseigne que la maladie fait partie de la vie et que l'on doit faire de notre mieux pour gérer la maladie de manière responsable et prendre soin de notre santé. Le bouddhisme encourage également à être reconnaissant pour les soins médicaux que l'on reçoit et à être conscient de l'impact de notre mode de vie sur notre santé.

52. Qu'est-ce que le bouddhisme et la relation à la vieillesse ?

Selon le bouddhisme, la relation à la vieillesse doit être basée sur la compassion, l'acceptation et la sagesse. Le bouddhisme enseigne que la vieillesse fait partie de la vie et que l'on doit faire de notre mieux pour accepter notre vieillissement et prendre soin de nous-mêmes. Le bouddhisme encourage également à être reconnaissant pour les expériences que l'on a vécues et à être conscient de l'impact de notre mode de vie sur notre santé.

53. Qu'est-ce que le bouddhisme et la relation à la souffrance mentale ?

Selon le bouddhisme, la relation à la souffrance mentale doit être basée sur la compassion, l'acceptation et la sagesse. Le bouddhisme enseigne que la souffrance mentale fait partie de la vie et que l'on doit faire de notre mieux pour comprendre et gérer notre souffrance de manière responsable. Le bouddhisme encourage également à être reconnaissant pour les soins que l'on reçoit et à être conscient de l'impact de notre mode de vie sur notre bien-être mental.

54. Qu'est-ce que le bouddhisme et la psychologie ?

Selon certains points de vue, le bouddhisme peut être considéré comme une source d'inspiration pour la psychologie car il met l'accent sur la compréhension de l'esprit humain et sur l'importance de développer des qualités mentales saines. Le bouddhisme enseigne également des techniques de méditation qui peuvent être utilisées pour améliorer la santé mentale et le bien-être. Cependant, il y a eu des débats au sein de la communauté bouddhiste et de la communauté scientifique sur la manière dont le bouddhisme et la psychologie peuvent être utilisés de manière complémentaire ou concurrentielle.

55. Qu'est-ce que le bouddhisme et l'art ?

Selon le bouddhisme, l'art peut être un moyen de s'exprimer et de se connecter avec sa propre vérité intérieure et avec les autres. Le bouddhisme encourage l'expression créative et l'appréciation de l'art comme moyen de développer la compassion, la sagesse et la paix intérieure.

56. Qu'est-ce que le bouddhisme et la culture ?

Selon le bouddhisme, la culture peut être un moyen de s'exprimer et de se connecter avec sa propre identité et avec les autres. Le bouddhisme encourage le respect de la diversité culturelle et la reconnaissance de l'influence de la culture sur nos croyances et nos comportements.

57. Qu'est-ce que le bouddhisme et la politique ?

Selon le bouddhisme, la politique peut être un moyen de s'engager pour le bien-être de tous et de contribuer à la paix et à la justice dans la société. Le bouddhisme enseigne que l'on doit être conscient de l'impact de nos actions et de nos choix politiques sur les autres et sur l'environnement, et que l'on doit agir de manière éthique et responsable. Cependant, le bouddhisme enseigne également qu'il est important de ne pas s'identifier trop étroitement à nos opinions politiques et de rester ouvert à la compréhension et au dialogue avec ceux qui ont des points de vue différents.

58. Qu'est-ce que le bouddhisme et la société ?

Selon le bouddhisme, la société est composée de tous les êtres vivants qui coexistent et interagissent les uns avec les autres. Le bouddhisme enseigne que l'on doit être conscient de l'impact de nos actions et de nos choix sur les autres et sur l'environnement, et que l'on doit agir de manière éthique et responsable. Le bouddhisme encourage également à cultiver la compassion, la sagesse et l'éthique afin de contribuer au bien-être de tous dans la société.

59. Qu'est-ce que le bouddhisme et l'histoire ?

Selon le bouddhisme, l'histoire est le récit des événements qui se sont produits dans le passé et qui ont influencé le monde dans lequel nous vivons aujourd'hui.

Le bouddhisme a une riche histoire qui remonte à plus de 2500 ans et qui a influencé de nombreuses cultures à travers le monde. L'histoire du bouddhisme peut être divisée en différentes périodes, comme l'ère pré-classique, l'ère classique et l'ère contemporaine, chacune avec ses propres enseignements et pratiques.

60. Qu'est-ce que le bouddhisme et l'actualité ?

Selon le bouddhisme, l'actualité est le récit des événements qui se déroulent actuellement dans le monde. Le bouddhisme peut être lié à l'actualité de différentes manières, par exemple en abordant des sujets tels que la paix, la justice, l'écologie, la santé mentale, etc. Le bouddhisme encourage à être conscient de l'actualité et à agir de manière responsable et éthique pour contribuer au bien-être de tous.

61. Qu'est-ce que le bouddhisme et le monde moderne ?

Selon le bouddhisme, le monde moderne est caractérisé par une grande complexité et une grande variété d'influences et de forces qui agissent sur les individus et sur la société. Le bouddhisme peut être une source de sagesse et de guidance pour naviguer dans ce monde complexe et pour trouver un sens et une direction dans la vie. Le bouddhisme encourage également à cultiver des qualités mentales saines, comme la compassion, la sagesse et l'équanimité, qui peuvent être utiles pour faire face aux défis et aux opportunités du monde moderne.

62. Qu'est-ce que le bouddhisme et la technologie ?

Selon le bouddhisme, la technologie est un outil qui peut être utilisé de manière positive ou négative en fonction de la manière dont il est utilisé. Le bouddhisme encourage à être conscient de l'impact de la technologie sur les autres et sur l'environnement, et à utiliser la technologie de manière responsable et éthique.

63. Qu'est-ce que le bouddhisme et l'économie ?

Selon le bouddhisme, l'économie est un système qui régit la production, la distribution et la consommation de biens et de services. Le bouddhisme encourage à être conscient de l'impact de nos choix économiques sur les autres et sur l'environnement, et à agir de manière éthique et responsable dans nos activités économiques.

64. Qu'est-ce que le bouddhisme et le développement personnel ?

Selon le bouddhisme, le développement personnel est le processus de découverte et de transformation de soi afin de devenir une personne plus heureuse, plus épanouie et plus en paix. Le bouddhisme peut être une source d'inspiration et de guidance pour le développement personnel en enseignant des pratiques telles que la méditation, la compassion et la sagesse qui peuvent aider à développer de meilleures qualités mentales et à mieux comprendre soi-même et le monde.

65. Qu'est-ce que le bouddhisme et la croissance personnelle ?

Selon le bouddhisme, la croissance personnelle est le processus de développement et de transformation de soi afin de devenir une personne plus heureuse, plus épanouie et plus en paix. Le bouddhisme peut être une source d'inspiration et de guidance pour la croissance personnelle en enseignant des pratiques telles que la méditation, la compassion et la sagesse qui peuvent aider à développer de meilleures qualités mentales et à mieux comprendre soi-même et le monde.

66. Qu'est-ce que le bouddhisme et la transformation personnelle ?

Selon le bouddhisme, la transformation personnelle est le processus de changement profond et durable de soi et de ses habitudes mentales. Le bouddhisme enseigne que l'on peut transformer notre vie en changeant notre manière de penser et de voir le monde, et en cultivant de meilleures qualités mentales comme la compassion, la sagesse et l'équanimité.

67. Qu'est-ce que le bouddhisme et l'épanouissement personnel ?

Selon le bouddhisme, l'épanouissement personnel est l'état de pleine réalisation et de contentement de soi. Le bouddhisme enseigne que l'on peut atteindre l'épanouissement personnel en comprenant la vérité de la réalité de l'univers et de l'existence humaine, et en cultivant de meilleures qualités mentales comme la compassion, la sagesse et l'éthique.

68. Qu'est-ce que le bouddhisme et l'accomplissement personnel ?

Selon le bouddhisme, l'accomplissement personnel est la réalisation de ses objectifs et de ses aspirations dans la vie. Le bouddhisme enseigne que l'on peut atteindre l'accomplissement personnel en travaillant dur et en utilisant ses talents et ses compétences de manière responsable et éthique, et en cultivant de meilleures qualités mentales comme la compassion, la sagesse et l'équanimité.

69. Qu'est-ce que le bouddhisme et l'équilibre personnel ?

Selon le bouddhisme, l'équilibre personnel est l'état d'harmonie et de paix intérieure qui résulte de la pratique de l'équanimité, de la sagesse et de la compassion. Le bouddhisme enseigne des pratiques telles que la méditation et la pleine conscience qui peuvent aider à trouver un équilibre personnel et à être moins perturbé par les événements extérieurs.

70. Qu'est-ce que le

bouddhisme et la gestion du stress ?

Selon le bouddhisme, la gestion du stress est la capacité à faire face aux situations stressantes de manière saine et équilibrée. Le bouddhisme enseigne des techniques de méditation et de gestion de l'attention qui peuvent aider à réduire le stress et à mieux gérer les émotions.

71. Qu'est-ce que le bouddhisme et la gestion des émotions ?

Selon le bouddhisme, la gestion des émotions est l'aptitude à être conscient et à gérer ses propres émotions de manière saine et équilibrée. Le bouddhisme enseigne des pratiques telles que la méditation et la pleine conscience qui peuvent aider à être moins réactif aux émotions et à cultiver des émotions positives comme la compassion, la gratitude et l'équanimité.

72. Qu'est-ce que le

bouddhisme et la gestion du temps ?

Selon le bouddhisme, la gestion du temps est la capacité à utiliser son temps de manière efficace et équilibrée. Le bouddhisme enseigne l'importance de la présence d'esprit et de l'attention pleine conscience dans la gestion du temps, et encourage à être présent et attentif dans l'instant présent plutôt que de se laisser distraire par le passé ou le futur.

manière de penser et de voir le monde, et en cultivant de meilleures qualités mentales comme la compassion, la sagesse et l'équanimité.

Thématique 4 : Qu'est-ce que le bouddhisme et ses enjeux contemporains ?

73. Qu'est-ce que le bouddhisme et la créativité ?

Selon le bouddhisme, la créativité est la capacité à produire de nouvelles idées et à trouver des solutions originales aux problèmes. Le bouddhisme enseigne l'importance de la pleine conscience et de l'attention dans le développement de la créativité, et encourage à être ouvert et à explorer de nouvelles idées et perspectives.

74. Qu'est-ce que le bouddhisme et l'intelligence émotionnelle ?

Selon le bouddhisme, l'intelligence émotionnelle est la capacité à comprendre et à gérer ses propres émotions et celles des autres. Le bouddhisme enseigne des techniques de méditation et de gestion de l'attention qui peuvent aider à développer l'intelligence émotionnelle en permettant de mieux comprendre et de gérer ses émotions et celles des autres, et en cultivant de meilleures qualités mentales comme la compassion, la sagesse et l'équanimité.

75. Qu'est-ce que le

bouddhisme et l'intelligence spirituelle ?

Selon le bouddhisme, l'intelligence spirituelle est la capacité à comprendre et à mettre en pratique les enseignements du bouddhisme et à développer une relation profonde avec la spiritualité. Le bouddhisme enseigne l'importance de la pleine conscience et de l'attention dans le développement de l'intelligence spirituelle, et encourage à étudier les enseignements de Bouddha et à pratiquer la méditation pour développer une relation profonde avec la spiritualité.

76. Qu'est-ce que le bouddhisme et l'intelligence relationnelle ?

Selon le bouddhisme, l'intelligence relationnelle est la capacité à comprendre et à gérer les relations interpersonnelles de manière saine et équilibrée. Le bouddhisme enseigne des techniques de méditation et de gestion de l'attention qui peuvent aider à développer l'intelligence relationnelle en permettant de mieux comprendre et de gérer ses propres émotions et celles des autres, et en cultivant de meilleures qualités mentales comme la compassion, la sagesse et l'équanimité.

77. Qu'est-ce que le bouddhisme et l'intelligence sociale ?

Selon le bouddhisme, l'intelligence sociale est la capacité à comprendre et à naviguer de manière efficace dans les relations et les situations sociales. Le bouddhisme enseigne l'importance de la pleine conscience et de l'attention dans le développement de l'intelligence sociale, et encourage à être conscient de l'impact de ses actions sur les autres et à cultiver des qualités telles que la compassion, la sagesse et l'éthique dans les interactions sociales.

78. Qu'est-ce que le bouddhisme et l'intelligence collective ?

Selon le bouddhisme, l'intelligence collective est la capacité d'un groupe à travailler ensemble de manière efficace et à utiliser les compétences et les ressources de chaque membre pour atteindre un objectif commun. Le bouddhisme enseigne l'importance de la compassion, de la coopération et de l'écoute attentive dans le développement de l'intelligence collective, et encourage à travailler ensemble de manière respectueuse et bienveillante pour atteindre un objectif commun.

79. Qu'est-ce que le bouddhisme et la communication ?

Selon le bouddhisme, la communication est l'échange d'idées, d'informations et d'émotions entre deux ou plusieurs personnes. Le bouddhisme enseigne l'importance de la pleine conscience et de l'attention dans la communication, et encourage à être présent et attentif dans l'instant présent lors de la communication avec les autres, à écouter activement et à parler de manière authentique et respectueuse.

80. Qu'est-ce que le bouddhisme et la prise de décision ?

Selon le bouddhisme, la prise de décision est le processus de choisir entre plusieurs options ou de déterminer une action à entreprendre. Le bouddhisme enseigne l'importance de la pleine conscience et de l'attention dans la prise de décision, et encourage à prendre le temps de réfléchir et de peser les différentes options de manière équilibrée et à agir de manière éthique et responsable.

81. Qu'est-ce que le bouddhisme et la résolution de problèmes ?

Selon le bouddhisme, la résolution de problèmes est le processus de trouver une solution à un problème ou à une situation difficile. Le bouddhisme enseigne l'importance de la pleine conscience et de l'attention dans la résolution de problèmes, et encourage à être présent et attentif dans l'instant présent lors de la résolution de problèmes, à réfléchir de manière créative et à agir de manière responsable et éthique.

82. Qu'est-ce que le bouddhisme et la prise de responsabilité ?

Selon le bouddhisme, la prise de responsabilité est la reconnaissance de sa propre contribution dans une situation et la décision de faire quelque chose pour y remédier. Le bouddhisme enseigne l'importance de la pleine conscience et de l'attention dans la prise de responsabilité, et encourage à être conscient de ses actions et de leurs conséquences, à être honnête et à agir de manière responsable et éthique.

83. Qu'est-ce que le bouddhisme et la gestion du changement ?

Selon le bouddhisme, la gestion du changement est la capacité à adapter et à faire face aux changements de manière efficace et à en tirer parti. Le bouddhisme enseigne l'importance de la pleine conscience et de l'acceptation dans la gestion du changement, et encourage à être présent et à accepter les changements de manière ouverte et curieuse, à être flexible et à apprendre de nouvelles choses.

84. Qu'est-ce que le bouddhisme et la prise de conscience ?

Selon le bouddhisme, la prise de conscience est la conscience de l'instant présent et de l'expérience de l'individu. Le bouddhisme enseigne l'importance de la pleine conscience et de l'attention dans la prise de conscience, et encourage à être présent et attentif dans l'instant présent et à être conscient de ses pensées, de ses émotions et de ses actions.

85. Qu'est-ce que le

bouddhisme et l’acceptation ?

Selon le bouddhisme, l’acceptation est l’acceptation de la réalité telle qu’elle est, sans jugement ni résistance. Le bouddhisme enseigne l’importance de l’acceptation dans la pratique de la pleine conscience et de l’éveil, et encourage à accepter toutes les expériences de la vie de manière ouverte et curieuse, à laisser aller les jugements et les résistances et à être présent dans l’instant présent.

86. Qu’est-ce que le bouddhisme et la gratitude ?

Selon le bouddhisme, la gratitude est l’appréciation des choses positives et des bienfaits que l’on a reçus dans la vie. Le bouddhisme enseigne l’importance de la gratitude dans le développement de la paix intérieure et de la bonne humeur, et encourage à être reconnaissant et à apprécier les choses simples de la vie.

87. Qu’est-ce que le bouddhisme et l’amour

inconditionnel ?

Selon le bouddhisme, l'amour inconditionnel est l'amour sans condition, qui accepte les personnes telles qu'elles sont et qui ne dépend pas de leurs actions ou de leur comportement. Le bouddhisme enseigne l'importance de l'amour inconditionnel dans le développement de la compassion et de la bienveillance, et encourage à aimer les autres de manière authentique et sans jugement.

88. Qu'est-ce que le bouddhisme et l'empathie ?

Selon le bouddhisme, l'empathie est la capacité à ressentir et à comprendre les émotions et les expériences des autres. Le bouddhisme enseigne l'importance de l'empathie dans le développement de la compassion et de la relation aux autres, et encourage à être conscient de ses propres émotions et celles des autres et à agir de manière bienveillante envers soi-même et les autres. L'empathie est considérée comme une qualité essentielle pour atteindre le bonheur et la paix, et est cultivée par la pratique de la méditation et l'étude des enseignements de Bouddha.

89. Qu'est-ce que le bouddhisme et la bienveillance ?

La bienveillance est une qualité importante dans le bouddhisme, car elle implique de souhaiter le bien-être et le bonheur des autres. La bienveillance peut être pratiquée envers soi-même et envers les autres, et est considérée comme une forme de compassion.

90. Qu'est-ce que le bouddhisme et la confiance en soi ?

La confiance en soi est également importante dans le bouddhisme, car elle permet de développer la force intérieure et la détermination nécessaires pour atteindre l'éveil spirituel. Cependant, le bouddhisme enseigne également l'importance de ne pas être trop attaché à soi et de se libérer de l'ego.

91. Qu'est-ce que le bouddhisme et l'estime de soi ?

L'estime de soi est également importante dans le bouddhisme, car elle permet de respecter et de valoriser soi-même, ainsi que les autres. Cependant, le bouddhisme enseigne également l'importance de ne pas être trop attaché à soi et de se libérer de l'ego.

92. Qu'est-ce que le bouddhisme et la compassion envers soi ?

La compassion envers soi est une qualité importante dans le bouddhisme, car elle implique de se montrer compréhensif et bienveillant envers soi-même, même lorsque l'on fait face à des difficultés ou à des échecs. La compassion envers soi est également considérée comme une forme de compassion envers les autres, car en étant bienveillant envers soi-même, on peut être plus à même d'être bienveillant envers les autres.

93. Qu'est-ce que le bouddhisme et la pleine conscience ?

La pleine conscience est une pratique qui consiste à être attentif et conscient de l'ici et maintenant, sans jugement ni distraction. Cela signifie être conscient de ses pensées, de ses émotions et de ses sensations physiques, ainsi que de son environnement, de manière non-réactive et non-jugeante. La pleine conscience peut être cultivée grâce à la méditation, qui consiste à se concentrer sur un objet de concentration, comme la respiration, et à ramener son attention chaque fois qu'elle est distraite. La pratique de la pleine conscience peut aider à réduire le stress, l'anxiété et la souffrance, et à développer la clarté mentale, la sérénité et la compassion.

94. Qu'est-ce que le bouddhisme et la présence mentale ?

La présence mentale, ou attention pleine, est une pratique qui consiste à être totalement présent et concentré sur l'expérience présente, sans être distrait par les pensées ou les émotions négatives. Cela signifie être conscient de ses pensées, de ses émotions et de ses sensations physiques, ainsi que de son environnement, de manière non-réactive et non-jugeante. La présence mentale peut être cultivée grâce à la méditation, qui consiste à se concentrer sur un objet de concentration, comme la respiration, et à ramener son attention chaque fois qu'elle est distraite. La pratique de la présence mentale peut aider à développer la clarté mentale, la sérénité et la compassion.

95. Qu'est-ce que le bouddhisme et la lucidité ?

La lucidité est une qualité qui implique de voir les choses de manière claire et objective, sans être influencé par les illusions ou les préjugés. Cela signifie être conscient de ses propres pensées, émotions et croyances, et être capable de les mettre en perspective et de les remettre en question. La lucidité peut être cultivée grâce à la méditation, qui consiste à se concentrer sur un objet de concentration, comme la respiration, et à ramener son attention chaque fois qu'elle est distraite. La pratique de la lucidité peut aider à développer la clarté mentale, la sérénité et la compassion.

96. Qu'est-ce que le bouddhisme et la conscience de soi ?

La conscience de soi est la capacité à se connaître soi-même et à comprendre ses propres pensées et émotions. Cela signifie être conscient de ses propres sentiments, croyances et comportements, et être capable de les mettre en perspective et de les remettre en question. La conscience de soi peut être cultivée grâce à la méditation, qui consiste à se concentrer sur un objet de concentration, comme la respiration, et à ramener son attention chaque fois qu'elle est distraite.

97. Qu'est-ce que le bouddhisme et l'authenticité ?

L'authenticité est une qualité qui implique de vivre de manière authentique et de ne pas se cacher derrière un masque ou une façade. Cela signifie être sincère, transparent et intègre, et être fidèle à soi-même et à ses valeurs. L'authenticité peut être cultivée grâce à l'introspection et à l'honnêteté envers soi-même, et peut aider à développer la confiance en soi et la confiance en les autres.

98. Qu'est-ce que le bouddhisme et la quête de sens ?

La quête de sens est la recherche de signification et de but dans la vie. Selon le bouddhisme, la quête de sens peut être aidée par l'étude des enseignements bouddhistes et la pratique de la méditation, qui peuvent aider à développer la clarté mentale et la sagesse. La quête de sens peut également être aidée par la pratique de la compassion et de la bienveillance envers soi-même et les autres, et par la recherche de manières de contribuer de manière positive à la vie des autres.

99. Qu'est-ce que le

bouddhisme et la méthode de l'analyse de la réalité (prajna) ?

La méthode de l'analyse de la réalité, ou prajna en sanskrit, est une pratique qui consiste à analyser et à comprendre la nature de la réalité de manière critique et objective. Cela signifie mettre en doute ses propres croyances et idées préconçues, et être ouvert aux nouvelles perspectives et aux points de vue différents. L'analyse de la réalité peut être cultivée grâce à la méditation et à l'étude des enseignements bouddhistes, et peut aider à développer la sagesse et à se libérer de l'ignorance, qui est à l'origine de la souffrance.

100. Qu'est-ce que le bouddhisme et la dépendance des phénomènes (pratityasamutpada) ?

La dépendance des phénomènes, ou pratityasamutpada en sanskrit, est un concept qui décrit la manière dont tous les phénomènes dépendent les uns des autres et sont inter-reliés. Selon le bouddhisme, rien n'existe de manière indépendante et tout est constamment en train de changer et de se transformer. Cela signifie que rien ne peut être considéré comme étant permanent ou permanent, et que tout est conditionné par d'autres facteurs. La compréhension de la dépendance des phénomènes peut aider à se libérer de l'attachement et de l'ego, et à développer la compassion et la bienveillance envers soi-même et les autres.

101. Qu'est-ce que le bouddhisme et les nobles vérités (aryasatya) ?

Les nobles vérités, ou aryasatya en sanskrit, sont quatre vérités fondamentales enseignées par le Bouddha qui décrivent la nature de la souffrance, de ses causes, de sa fin et du chemin menant à sa fin. Les nobles vérités sont :

- La première noble vérité est la vérité de la souffrance, qui affirme que la vie est souvent pleine de souffrance et de difficulté, et que cette souffrance est inévitable.

- La deuxième noble vérité est la vérité de l'origine de la souffrance, qui affirme que la souffrance est causée par l'attachement, la haine et l'ignorance.

- La troisième noble vérité est la vérité de la fin de la souffrance, qui affirme qu'il est possible de mettre fin à la souffrance en éliminant l'attachement, la haine et l'ignorance.

- La quatrième noble vérité est la vérité du chemin menant à la fin de la souffrance, qui décrit les huit aspects du chemin noble qui mènent à la fin de la souffrance. Ces huit aspects sont : la compréhension correcte, l'intention correcte, la parole correcte, l'action correcte, le mode de vie correct, l'effort correct, l'attention correcte et la concentration correcte.

Selon le bouddhisme, la compréhension de ces quatre nobles vérités peut aider à se libérer de la souffrance et à atteindre l'éveil spirituel.

www.ingramcontent.com/pod-product-compliance
Lightning Source LLC
La Vergne TN
LVHW052047160826
845678LV00015B/3130

* 9 7 9 8 3 7 2 9 7 6 4 1 2 *

The Stolen Figs of Gilgal

Written by John Parsons
Illustrated by Vasja Koman

Contents

Meet the Characters

Melissa Fox

A world-famous archaeologist.

Ibn Kayid

A Stone Age thief.

Fahd

A young man from Gilgal.

Durriyyah

Fahd's sister.

Shamar

Fahd and Durriyyah's aunt.